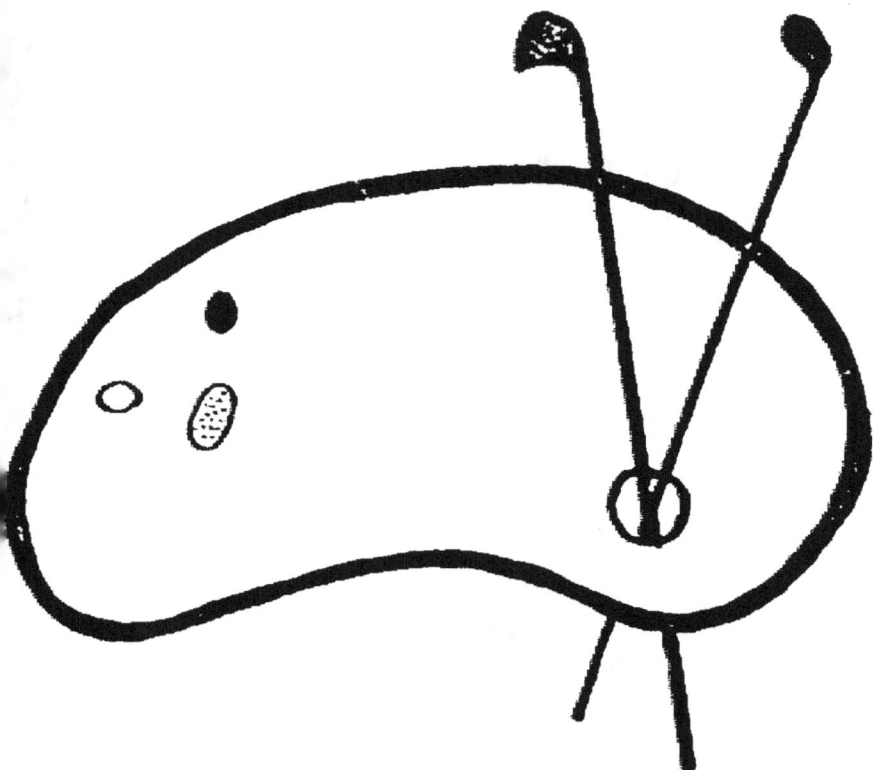

DEBUT D'UNE SERIE DE DOCUMENTS
EN COULEUR

LOUIS TIERCELIN

A L'ÉPREUVE !

OPÉRA COMIQUE EN UN ACTE

Musique de Louis Barras.

PRIX : 1 FRANC

PARIS

ALPHONSE LEMERRE, ÉDITEUR

23-31, PASSAGE CHOISEUL, 23-31

1896

DU MÊME AUTEUR

POÉSIE

Les Asphodèles.
Primevère, poème.
L'Oasis.
Les Anniversaires.
La Mort de Brizeux, poème.
Les Jongleurs de Kermartin, poème.
Dans la Boutique, poème.
Les Cloches.
Le Parnasse Breton contemporain, en collaboration avec J.-Guy Ropartz.
Yvonne ann Dù, poème.
Le Livre Blanc.

THÉATRE

L'Occasion fait le Larron, comédie en un acte, en vers (Théâtre de Rennes).
L'Habit ne fait pas le Moine, comédie en deux actes, en vers (Théâtre de Rennes).
Marguerite d'Écosse, poème dramatique, en un acte, musique de J. Guy Ropartz (Théâtre d'Application).
Les Noces du Croque-mort, comédie en un acte, en vers.
L'Heure du Chocolat, proverbe en un acte, en vers (Salle Herz).
Un Voyage de Noces, drame en quatre actes, en vers (Odéon).
Stances à Corneille (Comédie-Française).
Le Voisin de gauche, comédie en un acte (Salle Herz).
Corneille et Rotrou, comédie en un acte, en vers (Odéon).
Le Rire de Molière, à-propos en un acte, en vers (Comédie-Française).
Fethlene, drame lyrique en un acte (Musique de J.-Guy Ropartz).
Pêcheur d'Islande, pièce en cinq actes et huit tableaux, en collaboration avec M. Pierre Loti, musique de J.-Guy Ropartz (Grand-Théâtre).
Le grand Ferré, oratorio en trois parties, en collaboration avec Lionel Bonne-mère (Musique de D.-F. Pianche).
Une Soirée à l'Hôtel de Bourgogne, comédie en deux actes, en vers (Théâtre de Rennes).
Mudarra, drame lyrique en quatre actes, en collaboration avec Lionel Bonne-mère (Musique de Ferdinand Le Borne).
Trois Drames en vers : Kénuzel (Théâtre des Poètes). — Le Cœur sanglant. — Le Calice.
L'abbé Corneille, comédie en un acte, en vers (Comédie-Française).

PROSE

Amourettes, nouvelles.
La Comtesse Gendelettre, roman.
La Bretagne qui croit, pardons et pèlerinages.

Imprimerie A. Le Roy. — Fr. Simon, Sr. — Rennes (2077-96).

FIN D'UNE SERIE DE DOCUMENTS
EN COULEUR

A L'ÉPREUVE !

OPÉRA COMIQUE EN UN ACTE

Représenté pour la première fois sur le théâtre du Casino de Saint-Malo

Le 3 Septembre 1895.

Yth

DU MÊME AUTEUR

POÉSIE

Les Asphodèles.
Primevère, poème.
L'Oasis.
Les Anniversaires.
La Mort de Brizeux, poème.
Les Jongleurs de Kermartin, poème.
Dans la Boutique, poème.
Les Cloches.
Le Parnasse Breton contemporain, en collaboration avec J.-Guy Ropartz.
Yvonne ann Dû, poème.
Le Livre Blanc.

THÉATRE

L'Occasion fait le Larron, comédie en un acte, en vers (Théâtre de Rennes).
L'Habit ne fait pas le Moine. comédie en deux actes, en vers (Théâtre de Rennes).
Marguerite d'Écosse, poème dramatique, en un acte, musique de J. Guy Ropartz (Théâtre d'Application).
Les Noces du Croque-mort, comédie en un acte, en vers.
L'Heure du Chocolat, proverbe en un acte, en vers (Salle Herz).
Un Voyage de Noces, drame en quatre actes, en vers (Odéon).
Stances a Corneille (Comédie-Française).
Le Voisin de gauche, comédie en un acte (Salle Herz).
Corneille et Rotrou, comédie en un acte, en vers (Odéon).
Le Rire de Molière, à-propos en un acte, en vers (Comédie-Française).
Fethlène, drame lyrique en un acte (Musique de J.-Guy Ropartz).
Pêcheur d'Islande, pièce en cinq actes et huit tableaux, en collaboration avec M. Pierre Loti, musique de J.-Guy Ropartz (Grand-Théâtre).
Le grand Ferré. oratorio en trois parties, en collaboration avec Lionel Bonnemère (Musique de D.-F. Planchet).
Une Soirée à l'Hôtel de Bourgogne, comédie en deux actes, en vers (Théâtre de Rennes).
Mudarra, drame lyrique en quatre actes, en collaboration avec Lionel Bonnemère (Musique de Ferdinand Le Borne).
Trois Drames en vers : Keruzel (Théâtre des Poètes). — Le Cœur sanglant. — Le Cilice.
L'abbé Corneille, comédie en un acte, en vers (Comédie-Française).

PROSE

Amourettes. nouvelles.
La Comtesse Gendelettre, roman.
La Bretagne qui croit, pardons et pèlerinages.

LOUIS TIERCELIN

A L'ÉPREUVE!

OPÉRA COMIQUE EN UN ACTE

Musique de Louis Barras.

PARIS

ALPHONSE LEMERRE, ÉDITEUR

23-31, PASSAGE CHOISEUL, 23-31

1896

PERSONNAGES

LA COMTESSE.	Mlle DARCY.
LE VICOMTE.	MM. DÉO.
LE MARQUIS	GUILLIEN.

En Bretagne, sous Louis XV.

A L'ÉPREUVE!

Au fond, le mur d'un parc dans lequel s'ouvre une porte. A gauche, une tonnelle ; à droite, une auberge, et, devant, une table et deux chaises.

SCÈNE PREMIÈRE

LA COMTESSE, LE VICOMTE ET LE MARQUIS

La comtesse est au milieu de la scène, le vicomte et le marquis sont à sa droite et à sa gauche, à genoux.

TRIO

LA COMTESSE.	LE VICOMTE ET LE MARQUIS.
Quelle est cette plaisanterie ?	Quelle est cette plaisanterie ?
Voyons, Messieurs, je vous en prie,	Oh ! comtesse, je vous en prie,
Expliquez-vous, je vous attends.	Répondez-nous, il en est temps.

LA COMTESSE, *au vicomte.*

Vous voulez m'épouser, Vicomte ?

LE VICOMTE, *se levant.*

Oui.

LA COMTESSE, *au marquis.*

Vous, Marquis ?

LE MARQUIS, *se levant.*

Oui !

LA COMTESSE.

            Mais je compte
Que ce n'est pas en même temps.
Procédons, s'il vous plaît, par ordre.
Si vous n'en voulez pas démordre,
Chacun de vous prendra son tour.
Le marquis commence ; il s'engage,
Après deux ans de mariage,
A mourir, au besoin, d'amour !
Vicomte, alors, c'est votre tour.

LE VICOMTE ET LE MARQUIS.

Vous vous jouez de notre amour.

LE MARQUIS.

Si vous pouviez lire en mon âme...

LE VICOMTE.

Connaissez le fond de mon cœur...

LE MARQUIS.

Votre nom brille en traits de flamme...

LE VICOMTE.

Votre amour y règne en vainqueur.

LE MARQUIS.

Je vous aime !...

LE VICOMTE.

Je vous adore...

LE MARQUIS ET LE VICOMTE.

Comtesse !...

LA COMTESSE.

Tous les deux encore...

LE MARQUIS.

Mes vœux discrets...

LE VICOMTE.

Mes soins constants...

ENSEMBLE

LA COMTESSE.	LE VICOMTE ET LE MARQUIS.
Cessez cette plaisanterie.	Cessez cette plaisanterie,
Voyons, Messieurs, je vous en prie,	Toute belle, je vous en prie,
Finissez, de grâce, il est temps.	Expliquez-vous ; il en est temps.

LA COMTESSE.

Soyons sérieux, n'est-ce pas, et procédons, comme je l'ai dit, par ordre. Vous d'abord, mon cher Marquis, vous m'aimez ?

LE MARQUIS.

Passionnément.

LA COMTESSE.

Depuis ?

LE MARQUIS.

Depuis que je vous ai vue.

LA COMTESSE.

Il y a un an, alors ?

LE MARQUIS.

Treize mois, Comtesse.

LA COMTESSE.

Fi ! que voilà un nombre peu galant ! Treize mois ! je vous
préviens que je suis superstitieuse.

LE MARQUIS.

Alors mettons douze. Pour vous plaire, belle Comtesse, je
rajeunirai mon amour.

LA COMTESSE, *bas au vicomte*.

S'il pouvait en faire autant pour son visage !

LE VICOMTE, *de même*.

Mais un mois ne suffirait pas !

LE MARQUIS.

Hein ?... (*Reprenant.*) Je disais donc qu'il y a douze mois
que je vous aime. Vous veniez d'arriver en ce pays. Ce vieux
château inhabité s'ouvrait tout à coup et nous en vîmes sortir
la châtelaine, jeune et belle sous ses voiles de deuil.

LA COMTESSE.

Je venais de perdre ce pauvre comte et je cherchais une
retraite bien triste pour y enfouir mes regrets. Mon intendant
me signala cette terre... J'y vins...

LE MARQUIS.

Vous y vîntes, je vous vis, je fus vaincu !

LA COMTESSE, *moqueuse.*

Oh ! mon Dieu, oui, comme cela ! Le temps d'échanger un
salut. Vous rôdiez autour du parc, je ne pouvais faire un pas
dans le village sans vous avoir derrière moi... C'était com-
promettant, un inconnu !...

LE MARQUIS.

Nous fîmes connaissance !

LA COMTESSE.

Je vous reçus chez moi... pour vous dispenser de me suivre
à la promenade. (*Bas au vicomte.*) C'était toujours ça de
gagné. (*Au marquis.*) Enfin, il y a un mois, vous vous êtes
déclaré, j'ai ri, mais voilà que cela recommence ! Marquis,
faudra-t-il donc me fâcher ?

LE MARQUIS.

Oh ! Comtesse !

LA COMTESSE.

Non, n'est-ce pas ? D'ailleurs, je pars demain.

LE VICOMTE ET LE MARQUIS.

Vous partez ?

LA COMTESSE.

Et c'est le moins que je n'attriste pas notre dernière soirée ; je veux l'égayer, au contraire..... A vous, Vicomte. (*S'asseyant.*) Vous m'aimez ? (*Elle s'assied près de la tonnelle ; le marquis se tient debout près d'elle.*)

LE VICOMTE.

Non, je ne vous aime pas...

LE MARQUIS.

Hein ?...

LA COMTESSE, *riant.*

Comment ? Mais je croyais...

LE VICOMTE.

Je ne vous aime pas, divine Comtesse ; je vous adore !

LA COMTESSE.

A la bonne heure ! J'ai eu peur, un moment, que vous ne vous retiriez devant le marquis.

LE VICOMTE.

Devant lui !... Jamais ! Je vous adore !

LA COMTESSE.

Et depuis quand ? Depuis que vous m'avez vue, vous aussi, comme lui. (*Elle regarde languissamment le marquis.*)

LE MARQUIS.

Naturellement... Il va me voler mes mots... Perroquet, va ! Écho !

LE VICOMTE.

Depuis que je vous ai vue? Non !

LA COMTESSE.

Depuis treize mois, quatorze, peut-être ?

LE VICOMTE.

Depuis toujours ! Quand je vous ai vue, je vous connaissais
déjà et je vous aimais...

LA COMTESSE.

Vraiment ?

LE MARQUIS, *à part*.

Où va-t-il chercher tout cela ?

MADRIGAL

LE VICOMTE.

Sitôt que vous êtes venue,
Étincelante en mon chemin,
Je vous saluai de la main :
Mon cœur vous avait reconnue.
Vous êtes le printemps aimé
Dont la brise est suave et douce ;
Le cher soleil du mois de mai
Qui sème des fleurs dans la mousse ;
La source au murmure charmant
Où notre cœur se désaltère ;
L'étoile d'or au firmament
Qui rayonne sur notre terre.
Aussi mon cœur n'hésita pas,

Et quand je vous vis, plein de fièvres,
Le mot d'amour vint à mes lèvres,
Et j'allais vous nommant tout bas.
Non, non, mon cœur n'hésita pas :
Il disait votre nom tout bas.

Sitôt que vous êtes venue,
Radieuse en mon chemin,
Je vous saluai de la main :
Mon cœur vous avait reconnue.

LA COMTESSE, *au vicomte.*

Voilà qui est tout à fait galant! (*Se levant*). Donc vous
m'aimez... sans me connaître, sans savoir qui je suis?

LE MARQUIS.

Je vous ai vue, n'est-ce pas assez ?

LE VICOMTE.

Et moi, je vous ai devinée.

LA COMTESSE.

Oui, cela suffit, mais cependant...

LE VICOMTE.

D'ailleurs, le marquis a pris des informations...

LE MARQUIS.

Et le vicomte a écrit à Paris. (*A part.*) Attrape !

LE VICOMTE.

Comtesse, je vous jure...

LE MARQUIS.

Je proteste...

LA COMTESSE.

Ah! des informations? Et qu'avez-vous appris?... Voyous?... Vous vous taisez?... Eh bien! je vais vous le dire... On vous a dit que la comtesse de Kermor n'a pas toujours été la riche et noble dame que vous adorez en ce moment. Elle a eu des débuts modestes dans la vie, si elle en eut d'éclatants au théâtre, car la veuve du comte de Kermor est proche parente, n'est-ce pas, d'une certaine Léona Graziani, la prima donna du théâtre San Carlo? On vous a dit que j'ai chanté à Naples, que le comte m'entendit et que son enthousiasme pour la chanteuse et son amour pour la jeune fille allèrent *crescendo*, si bien que la saison finie, le comte qui avait tout offert, mais en vain, offrit son nom... qui fut accepté. Le mariage eut lieu. J'avais vingt ans, le comte était vieux, mais il fut galant homme. Je me rappelle ses paroles, le soir de la noce : « Nous voilà mariés, Comtesse, mais je vous ennuierai le moins possible comme mari et comme admirateur. Un peu d'amour et un peu de musique, de temps en temps, c'est tout ce que je vous demanderai. » Il y mit beaucoup de discrétion, en effet, et se montra tout à fait gentilhomme : un an après, j'étais veuve!... Voilà ce qu'on a dû vous dire, Messieurs, et on a ajouté, détail qui n'est pas indifférent peut-être, que le comte, en mourant, m'avait laissé toute sa fortune... qui est considérable.

LE MARQUIS ET LE VICOMTE.

Oh! Comtesse!

LA COMTESSE.

Mais ce qu'on n'a pu vous dire, c'est que je me suis juré de ne jamais me remarier.

LE VICOMTE ET LE MARQUIS.

Oh! Comtesse!

LA COMTESSE.

A moins que...

LE VICOMTE ET LE MARQUIS.

A moins que?...

LA COMTESSE.

A moins que je ne rencontre sur ma route l'idéal des maris...
le phénix... l'oiseau rare...

LE MARQUIS, *avec fatuité*.

A la bonne heure!

LE VICOMTE, *de même*.

Voilà qui me rassure...

LA COMTESSE.

Je vois, Messieurs, que vous n'avez pas trop mauvaise
opinion de vous. Il ne s'agit plus maintenant que de me faire
partager votre manière de voir.

LE VICOMTE.

Nous y travaillerons.

LE MARQUIS.

Indubitablement.

LA COMTESSE.

Cependant, je dois vous prévenir que vous avez chacun, à première vue, un défaut qui vous nuit un peu.

LE VICOMTE.

Voyons ?

LE MARQUIS.

Comment ?

LA COMTESSE.

Vous, Marquis, vous êtes un peu... vieux !

LE VICOMTE.

Ah ! Ah !

LE MARQUIS.

Vieux, moi ? Mais...

LA COMTESSE.

Je veux dire que vous en avez l'air.

LE VICOMTE.

Ah ! Ah ! Marquis !

LE MARQUIS, *froissé.*

L'air est trompeur, Madame. Il ne faudrait peut-être pas se fier à l'air... Et, pour la chanson, je suis sans doute encore plus jeune que certains jeunes gens que je connais...

LE VICOMTE.

Ah! Marquis, permettez... Si le ramage ne vaut pas mieux que le plumage, vous n'êtes pas le phénix des hôtes de ces bois...

LE MARQUIS.

De l'esprit!... qu'est-ce que cela prouve?

LE VICOMTE.

Et c'est un phénix, vous le savez, que cherche notre adorable comtesse... Un phénix!...

LE MARQUIS.

Le phénix renaît de ses cendres, Monsieur!

LE VICOMTE.

C'est la fable qui le dit.

LE MARQUIS.

Et je vous le prouverai...

LE VICOMTE, *riant*.

Eh! Eh!

LE MARQUIS.

S'il le faut!

LE VICOMTE.

Oh! Oh!

LE MARQUIS.

Vous croyez-vous donc si appétissant avec vos airs de jeune fat!

LE VICOMTE.

Ah! Ah!

LE MARQUIS.

Vous avez beau rire...

LA COMTESSE, *s'interposant.*

Voyons, Messieurs, voyons! Vous, cher Marquis, ne vous
désolez pas trop : le comte était plus vieux que vous !

LE MARQUIS.

Ah !

LA COMTESSE.

Beaucoup plus vieux...

LE VICOMTE.

Beaucoup plus vieux, je comprends; c'était un mari sans
prétentions... tandis que...

LE MARQUIS.

Tandis que?...

LE VICOMTE.

Tandis que je vous crois encore... prétentieux, cher
Marquis.

LE MARQUIS, *se fâchant.*

Vicomte...

LE VICOMTE.

Marquis...

LA COMTESSE.

Ah! Messieurs!... (*Au vicomte.*) Et vous, Vicomte, vous triomphez un peu vite.., J'ai dit que vous aviez un défaut, aussi. Je vous trouve un peu... jeune.

LE VICOMTE.

Mais j'ai trente ans, Comtesse.

LA COMTESSE.

· En êtes-vous bien sûr?... Eh bien, je voudrais pouvoir retirer dix ans au marquis...

LE MARQUIS.

Aimez-moi, je rajeunirai.

LA COMTESSE.

Pour les donner au vicomte.

LE VICOMTE.

Le mariage me les donnera, Comtesse.

LA COMTESSE.

Et puis ce n'est pas tout ; moi aussi, j'ai pris des informations...

LE VICOMTE.

Diable!...

LE MARQUIS.

Hum!...

LA COMTESSE.

Je ne parle que pour mémoire de votre situation de fortune... Le marquis n'a jamais été riche et le vicomte est ruiné... mais vous avez encore deux gros défauts...

LE VICOMTE ET LE MARQUIS

Moi !...

LE VICOMTE.

Qu'est-ce ?

LE MARQUIS.

Quoi ?

LE VICOMTE.

Dites ?

LE MARQUIS.

Parlez.

LA COMTESSE.

C'est très embarrassant... Je ne sais comment dire... Vous allez vous fâcher peut-être.

LE VICOMTE.

Avec vous ?

LE MARQUIS.

Jamais

LA COMTESSE.

Eh bien?... Non, c'est impossible... tout haut... en plein jour... je ne peux pas... je n'ose pas... je n'oserai jamais.

LE MARQUIS.

Dites-le tout bas.

LE VICOMTE, *bas à la comtesse.*

Si le soleil vous fait peur, on peut revenir au clair de lune.

LA COMTESSE.

C'est une idée. (*Bas au vicomte.*) Je n'oserais jamais dire en plein jour à ce pauvre marquis qu'on l'accuse d'un penchant exagéré pour la bouteille...

LE VICOMTE.

En plein jour, je comprends, mais, quand il fera noir, il vous sera plus facile de lui dire qu'il est gris.

LA COMTESSE.

Car vous m'avez affirmé qu'il se grisait...

LE VICOMTE.

Comme dix Polonais.

LA COMTESSE.

Fi ! c'est affreux. Me voyez-vous mariée à cet ivrogne ?

LE VICOMTE, *à part.*

Attrape, mon bon !

LA COMTESSE, *bas au marquis.*

Le vicomte me donne une bonne idée. Il me serait très pénible de lui avouer que je connais son faible pour les jolies filles, car il aime un peu les jolies filles, n'est-ce pas ? et il n'aime pas que des... duchesses !

LE MARQUIS, *de même.*

Oh ! tout lui est bon ! Il ne raffine pas.

LA COMTESSE.

Je vous remercie de m'en avoir avertie. J'ai reçu votre lettre...

LE MARQUIS, *déconcerté.*

Ma lettre ! ma lettre ! (*A part.*) Aïe !

LA COMTESSE.

Elle n'était pas signée ; un oubli sans doute, mais j'ai reconnu l'écriture.

LE MARQUIS, *à part.*

Une autre fois, je ne les écrirai pas moi-même.

LA COMTESSE.

Me voyez-vous la femme de ce libertin ?

LE MARQUIS.

Non, c'est impossible ! (*A part.*) Touché, mon petit.

LA COMTESSE.

Eh bien, Vicomte, eh bien, Marquis, nous remettrons, si vous le voulez bien, cet entretien à demain. (*Bas au marquis.*) Ce soir, à huit heures, à cette porte, sonnez et on vous ouvrira.

2

LE MARQUIS.

Oh! Comtesse, il se pourrait?...

LA COMTESSE.

Chut! pas un mot!...

LE MARQUIS, *à part*.

Un rendez-vous !

LA COMTESSE, *bas au vicomte*.

Soyez à cette porte, ce soir, à huit heures, frappez et l'on vous ouvrira.

LE VICOMTE.

Que de grâces, Comtesse, que de grâces !

LA COMTESSE.

Silence ! Soyez discret.

LE VICOMTE, *à part*.

Un rendez-vous !

LA COMTESSE, *haut*.

Au revoir, Messieurs, au revoir.

LE VICOMTE ET LE MARQUIS, *saluant*.

Comtesse !

(*La comtesse se tourne avec mystère vers le vicomte, puis vers le marquis, les salue et à tous deux, à l'abri de son éventail, elle fait un signe de recommandation.*)

LE VICOMTE, *à part.*

A ce soir!

LE MARQUIS, *de même.*

A ce soir.

LA COMTESSE, *parvenue au fond.*

Au revoir.

(*Elle entre dans le parc. Pendant cette fin de scène, le jour commence à baisser.*)

SCÈNE II

LE VICOMTE, LE MARQUIS

LE VICOMTE, *saluant.*

Mon cher Marquis, il ne me reste plus...

LE MARQUIS, *de même.*

Vicomte, je vous salue. (*A part.*) Il va s'en aller.

LE VICOMTE, *à part.*

Il va me laisser seul... Il est sept heures...

LE MARQUIS, *de même.*

J'attendrai dans cette auberge... (*Saluant de nouveau.*) Vicomte! (*A part.*) Il ne s'en va pas.

LE VICOMTE.

Marquis! (*A part.*) Voudrait-il m'espionner? (*Au marquis.*)
Vous ne rentrez pas, cher Marquis?

LE MARQUIS.

Et vous, cher Vicomte?

LE VICOMTE.

Oh! moi!...

LE MARQUIS.

Et moi aussi...

LE VICOMTE.

Je rentre.

LE MARQUIS.

Moi, de même.

LE VICOMTE, *à part.*

J'ai une heure devant moi, j'ai le temps de le reconduire.
(*Au marquis.*) Voulez-vous me permettre, mon cher Marquis,
de vous faire compagnie jusqu'à votre maison?

LE MARQUIS.

J'allais justement vous proposer de vous accompagner jusqu'à la vôtre...

LE VICOMTE.

Non pas, c'est moi qui aurai l'honneur...

LE MARQUIS.

Je tiens absolument...

LE VICOMTE.

Marquis, je sais ce que je vous dois...

LE MARQUIS.

Il me plaît de l'oublier. Vicomte, je ne vous quitterai qu'à
votre porte.

LE VICOMTE, *à part.*

Il a des soupçons. (*Au marquis.*) Vous me voyez désolé,
cher Marquis, mais...

LE MARQUIS.

Vous refusez ?

LE VICOMTE.

Je ne rentre pas chez moi... Je vais justement de votre côté.

LE MARQUIS, *sèchement.*

Vous irez seul alors, Monsieur le vicomte ; ce soir, je ne
vais pas de ce côté-là. Je me souviens même que j'ai donné
certain rendez-vous dans cette auberge et vous m'excuserez...

LE VICOMTE, *à part.*

Oh ! Oh ! ceci me semble louche. Aurait-il entendu et veut-il
nous surprendre ?... (*Au marquis.*) Monsieur le marquis, je
vous laisse à vos affaires et suis bien votre serviteur.

LE MARQUIS.

Monsieur, je vous salue. (*A part.*) Enfin il s'en va !

LE VICOMTE, *à part.*

Quand il aura vidé la place, je reviendrai. (*Saluant.*) Marquis...

LE MARQUIS, *de même, très souriant.*

Vicomte...

LE VICOMTE, *à part.*

Vous rirez jaune demain. (*Il sort à gauche.*)

LE MARQUIS, *de même.*

Demain, tu ne riras plus.

SCÈNE III

LE MARQUIS.

Ouf! je suis seul... Il y mettait de l'obstination, ce petit vicomte; mais il a fini par comprendre qu'il m'importunait. Il n'y a personne comme moi pour se faire obéir à demi-mot... d'un geste, comme çà!... ou d'un regard même, comme çà!... Je suis seul... Et bientôt un rendez-vous... car c'en est un!... à huit heures!... Presque un rendez-vous de nuit... à la porte de son parc!... Que dis-je? dans son parc! car la porte s'ouvrira... Quel moment délicieux! « Sonnez, a-t-elle dit. Sonnez et on vous ouvrira. » *On*, c'est-à-dire elle!... *On!* que ce *on* a de charmes! Ce *on* est badin! Il est chaste, il est ému!... Ce *on*, qui voudrait ne rien dire, en dit plus long qu'il n'en a l'air! *On! on!*... Il est tout plein de réticences et de promesses... Il y a longtemps que je n'avais ouï pareil *on*... Longtemps! C'est vrai, je ne suis plus jeune; ce serait cependant l'occasion de le redevenir... Marquis, vous jouez là une grosse partie; il ne faudrait pourtant pas que vous la perdis-

siez... Dix ans de moins, disait-elle... C'est vingt ans de
moins qu'il faudrait! Vingt ans que j'implore du petit Dieu de
l'Amour... Vingt ans de moins! Un miracle!... Amour, je
t'en supplie à mains jointes, ne m'abandonne pas en un pareil
moment.

INVOCATION

Puisque ma vieillesse est l'obstacle,
Prête-moi des élans nouveaux ;
Amour, tu dois bien ce miracle
Au plus fervent de tes dévots !

Donne à mes yeux plus de tendresse ;
Rends à mes lèvres leurs vingt ans,
Et que mon front courbé se dresse
Dans la splendeur de son printemps.
Je connais mon insuffisance...
On dit que je suis vieux et laid !
J'aurais besoin d'un bain complet
Dans la fontaine de Jouvence.
Amour, rends-moi mes vingt ans, s'il te plaît.

Puisque ma vieillesse est l'obstacle,
Prête-moi des élans nouveaux ;
Amour, tu dois bien ce miracle
Au plus fervent de tes dévots !

Oui, tu me dois bien ce miracle !... En attendant, si je
dînais... Je me sens un peu creux... Mangeons... Holà,
quelqu'un !... J'ai une heure à attendre... cela fera passer le
temps... (*Frappant sur la table.*) Holà ! holà !

(*La comtesse entre au fond par la porte du parc ; en aper-
cevant le marquis, elle s'approche doucement.*)

SCÈNE IV

LE MARQUIS, LA COMTESSE, *sans poudre, costumée
en paysanne, une cape sur le bras.*

LA COMTESSE, *à part.*

Le marquis ! Sa vue est faible, il ne me reconnaîtra pas sous
ce déguisement !

LE MARQUIS, *s'asseyant.*

Holà ! hé ! Il n'y a donc personne là-dedans ?

LA COMTESSE, *contrefaisant sa voix.*

Monseigneur ! (*A part.*) A l'épreuve, Marquis !

LE MARQUIS, *sans faire attention à la comtesse.*

Enfin !... Tu dormais donc, la belle enfant ?

LA COMTESSE.

Monsieur le marquis veut rire ?

LE MARQUIS.

Tu me connais ?

LA COMTESSE, *posant sa cape sur une chaise.*

Qui ne connaît pas Monsieur le marquis ?

LE MARQUIS, *avec fatuité.*

C'est juste.

LA COMTESSE.

Et que désire Monsieur le marquis?

LE MARQUIS.

Un jambonneau, du pain et du fromage. *(A part.)* Soyons frugal.

LA COMTESSE, *à part.*

Oh! Quelle idée! *(Au marquis).* Quel vin servirai-je à Monsieur le marquis?

LE MARQUIS.

De l'eau !

LA COMTESSE, *à part.*

De l'eau ! *(Haut.)* Monsieur le marquis a dit ?...

LE MARQUIS.

J'ai dit de l'eau.

LA COMTESSE.

J'avais bien entendu. *(A part.)* L'aurait-on calomnié ?

LE MARQUIS.

Allons, va! Qu'est-ce que tu attends ?

LA COMTESSE.

C'est que de l'eau...

LE MARQUIS.

Cela te surprend ?

LA COMTESSE.

Je l'avouerai humblement à Monsieur le marquis, Monsieur le marquis me surprend; Monsieur le marquis n'a pourtant pas la mine d'un buveur d'eau. C'est quelque vœu que Monsieur le marquis aura fait, sans doute?

LE MARQUIS.

Justement, c'est un vœu. Mais va, je meurs de faim.

LA COMTESSE, *à part.*

Oh! tu boiras, ou j'y perdrai mon nom. Mais plutôt, tu boiras et je garderai mon nom.

(*Elle entre dans l'auberge.*)

LE MARQUIS.

De l'eau! Rien que de l'eau! Si ça ne fait pas de bien, ça ne fait pas de mal, et j'ai besoin, ce soir, de toute ma présence d'esprit.

(*La comtesse rentre, suivie de l'aubergiste qui porte des assiettes, deux verres, etc. Elle lui fait un signe pour lui recommander la discrétion. L'aubergiste consent d'un mouvement de tête.*)

LA COMTESSE.

Voici le jambonneau, Monsieur le marquis, et le pain, Monsieur le marquis, et le fromage, Monsieur le marquis.

LE MARQUIS.

Et l'eau?

LA COMTESSE.

Il n'y en a pas, Monsieur le marquis.

LE MARQUIS.

Comment ? Il n'y en a pas ?

LA COMTESSE, *faisant un signe d'autorité à l'aubergiste.*

Non, Monsieur le marquis ; la provision est épuisée.

(L'aubergiste sort.)

LE MARQUIS.

Sapristi ! Mais je ne peux pourtant pas manger sans boire...
Tu es bien sûre ?...

LA COMTESSE.

Pas une goutte !

LE MARQUIS.

Voilà qui est fâcheux.

LA COMTESSE.

Mais il y a du vin.

LE MARQUIS, *vivement.*

Je n'en veux pas !... Je suis sujet... aux vertiges.

*(L'aubergiste rentre et pose deux bouteilles de champagne
sur la table, puis il sort.)*

LA COMTESSE.

Quel dommage ! moi qui voulais offrir à Monsieur le
marquis une bouteille...

LE MARQUIS.

Une bouteille... de vin ! !

LA COMTESSE, *prenant une des bouteilles.*

De vin de Champagne.

LE MARQUIS.

Du vin de Champagne... Il ne manquerait plus que ça!...
Du vin de Champagne!... Tu peux le remporter... Je te l'ai
dit, je suis sujet aux vertiges...

LA COMTESSE.

Monsieur le marquis ne sait pas ce qu'il refuse... Que
Monsieur le marquis goûte seulement, et il m'en dira des
nouvelles.

LE MARQUIS.

Veux-tu bien me laisser tranquille, petit serpent!... Va t'en
avec ta bouteille... Allons! va t'en... *Vade retro, Satanas!*

LA COMTESSE, *à part.*

Il faiblit! Poussons ferme. (*Haut.*) Ah! bien, je ne suis pas
comme Monsieur le marquis, moi!... Le champagne, c'est
mon vin de choix!... Quelle couleur! Quel parfum! Quel goût!

LE MARQUIS.

Pouh! tu trouves que c'est si bon!

LA COMTESSE.

Oh! oui, Monsieur le marquis.

LE MARQUIS.

Pouh! on s'y habitue, je ne dis pas... à la longue... avec
le temps... mais, après tout, c'est une boisson médiocre....
crois-moi, très médiocre.

LA COMTESSE.

Vous calomniez le champagne ! C'est le roi des vins !

(L'aubergiste pose deux bougies sur la table et sort.)

DUO DU CHAMPAGNE

LA COMTESSE.

Vive le Champagne !
C'est le vin des rois, c'est le roi des vins.
Son ivresse est douce, elle s'accompagne
De rêves divins.

LE MARQUIS.

Non, pas de Champagne !
Quand on en boit trop, les efforts sont vains,
Bientôt on se grise, on bat la campagne.
C'est le plus perfide des vins.

LA COMTESSE.

Il pétille, il mousse,
Son ivresse est douce,
Ses effluves vainqueurs
Enveloppent les cœurs.
Dans la coupe au cristal sonore
Buvez le nectar enchanté ;
Mais il sera plus doux encore
Sur des lèvres de la beauté.

Versez-le sur les lèvres roses,
Et comme un soleil de printemps
Aux buissons fait fleurir les roses,
Il y fera fleurir les baisers palpitants.

Il bannit la tristesse,
Il guérit le remords,
Il rajeunit la vieillesse,
Il ressusciterait les morts !

LE MARQUIS, *parlé.*

Il ressusciterait les morts ! Diable ! Mais...

LA COMTESSE.

Vive le Champagne !
C'est le vin des rois, c'est le roi des vins.
Son ivresse est douce, elle s'accompagne
De rêves divins.

LE MARQUIS.

Non ! pas de Champagne.
Quand on en boit trop, les efforts sont vains;
Bientôt on se grise, on bat la campagne.
C'est le plus perfide des vins.

LA COMTESSE.

Pan ! la bouteille est débouchée !

LE MARQUIS.

La belle mousse et la belle couleur !

LA COMTESSE, *lui versant à boire.*

Le laisser perdre ! Quel malheur !
Monsieur, que j'en serais fâchée!...

LE MARQUIS.

Sans ce vœu
J'en boirais bien un peu !

LA COMTESSE, *lui offrant le verre.*

Oubliez votre vœu ;
Il faut en boire un peu.
Et puis vraiment, Marquis, manger ainsi sans boire,
Cela n'est pas prudent ; il faut m'en croire.

LE MARQUIS.

Il est certain,
Ce jambon et ce pain !

LA COMTESSE.

Ce fromage !

LE MARQUIS.

J'ai la gorge en feu !

LA COMTESSE.

Buvez, buvez un peu !
Résister davantage
C'est se vouloir du mal... Vous rougissez, Marquis !
Vous étouffez...

LE MARQUIS.

Je n'en puis plus ! Ma foi ! tant pis !

LA COMTESSE.

Allons, buvez... il faut m'en croire.

LE MARQUIS.

A boire !

LA COMTESSE.	LE MARQUIS.
Vive le Champagne !	Vive le Champagne !
C'est le vin des rois, c'est le roi des vins.	C'est le vin des rois, c'est le roi des vins.
Son ivresse est douce, elle s'accompagne	Son ivresse est douce, elle s'accompagne
De rêves divins.	De rêves divins.

LE MARQUIS.

Ouf ! j'allais étouffer...

LA COMTESSE, *à part.*

Je savais bien qu'il boirait...

LE MARQUIS.

Il est excellent! Encore un verre!

LA COMTESSE.

Qu'est-ce que je vous disais?... Vous auriez eu tort, Monsieur le marquis, de vous obstiner dans vos refus.

LE MARQUIS. *buvant.*

J'aurais eu tort... Oui, j'aurais eu tort... D'autant que je l'adore, moi, le champagne.

LA COMTESSE.

Que me disiez-vous donc tout à l'heure?... Dieu me pardonne, Monsieur le marquis, vous aviez l'air d'en faire fi !

LE MARQUIS, *se grisant peu à peu.*

Ah! c'est que, vois-tu, il m'a joué un tour... un de ces tours... qu'on n'oublie pas.

LA COMTESSE.

Voyons, contez-moi cela... Et tenez, pour prendre haleine... (*Elle lui verse à boire.*)

LE MARQUIS, *buvant.*

Ah! oui, un tour!... il faut vraiment que j'aie bon caractère pour le lui avoir pardonné! Je l'ai toujours aimé, ce bon vieux vin-là. C'est ce qui m'a fait du tort dans le monde... je l'aimais trop...

LA COMTESSE, *à part.*

Allons donc! Voilà les confidences...

LE MARQUIS, *buvant.*

On me reprochait cette faiblesse-là... C'est à lui que je dois d'être célibataire...

LA COMTESSE.

Vous voyez bien qu'il a du bon!... Vous auriez tort de le bouder.

LE MARQUIS.

Oh! il y a longtemps que je lui ai pardonné... Et cependant, il m'a fait manquer une bonne affaire...

LA COMTESSE.

Quelle bonne affaire?...

LE MARQUIS.

C'était le jour du mariage... Allons, verse donc...

LA COMTESSE, *après avoir versé.*

Vous disiez : le jour du mariage...

LE MARQUIS.

Oui, la fiancée était charmante...

LA COMTESSE.

Quelle fiancée?

3

LE MARQUIS.

La mienne! Très riche et très jolie... Elle avait bien un peu
hésité. Il y avait certain cousin qui lui tenait au cœur; mais,
devant la volonté formelle de ses parents, il fallut bien céder.
Elle consentit à devenir marquise. Son bonhomme de père, un
ancien marchand de quelque chose, faillit en crever de joie...
il me présenta toute la petite famille... et le cousin!... Le
fameux cousin!... Il faisait une drôle de tête, le cousin!...
Buvons à sa santé... (*Il boit.*) Je crus de mon devoir de le
mettre à l'aise. Je l'apprivoisai! Je le plaisantais agréablement
sur ses prétentions; il se laissait faire en bon garçon. Au bout
de huit jours, nous étions les meilleurs amis du monde; il ne
voulait plus me quitter. Bon vivant d'ailleurs! Toujours prêt à
boire, adorant le champagne... Il fallait voir avec quelle grâce
il déshabillait le précieux bouchon. (*Il prend la deuxième bouteille que la comtesse lui passe et la débouche à mesure qu'il
parle.*)

LA COMTESSE.

Pas plus de grâce que vous, Monsieur le marquis.

LE MARQUIS.

Comme il en abattait le fil de fer... Vois-tu? Comme
promptement il en coupait les ficelles. Comme cela, tiens!...

LA COMTESSE.

Il avait pris de vos leçons.

LE MARQUIS.

Oui!... Et du pouce, adroitement, comme il faisait osciller le
bouchon... de cette manière... Et comme, d'un petit mouvement, agitant imperceptiblement le divin liquide, il faisait sau-
ter le liège au plafond, pan! (*Le bouchon part; le marquis se*

verse à boire) pendant que la belle mousse rosée s'épanchait
en bruissant. Un verre, petite, un verre; tu ne me laisseras
pas boire seul à la santé du cousin... (*Il verse à boire à la
comtesse. Ils se lèvent.*)

LA COMTESSE.

Et vous disiez que le jour du mariage?...

LE MARQUIS.

Oui, le jour du mariage... le 10 juillet... il fut le premier
chez moi... au saut du lit... Il était accouru... Il avait soif;
cette course matinale!... Il faisait chaud...'Et puis peut-être
quelques regrets encore... J'eus pitié de lui! Nous nous mîmes
à boire... J'eus beau lui faire observer que l'heure avançait...
que nous allions être en retard... Il avait une soif... il faisait
si chaud... et nous buvions!... L'heure passait... Il me contait
ses peines... Je le consolais... Nous buvions encore... Il me
félicitait sur ma bonne fortune, célébrait les charmes de la
mariée,... cela me faisait plaisir... Nous buvions toujours!...
Et puis, je m'attendrissais... Je lui faisais des excuses... je lui
demandais pardon... Et je buvais encore!... Lui, était excellent... il me remontait, faisant contre fortune bon cœur... Il
me versait à boire... et je buvais toujours!... Si bien que de
verres en verres et d'heure en heure... le lendemain, 11 juillet,
quand je me réveillai, instinctivement, je me retournai vers la
marquise... J'étais seul!... Huit jours après, il épousait sa
cousine!... (*Il boit longuement.*)

LA COMTESSE, riant.

Ah! Ah! vous étiez joué...

LE MARQUIS, titubant.

Je le crois!... C'est pour cela que tout à l'heure, je ne
voulais pas, je refusais... J'avais mes raisons... J'ai mes

raisons... Je te dis que j'ai mes raisons... Je vais me
marier...

LA COMTESSE, *à mi-voix.*

La Comtesse ...

LE MARQUIS.

Chut!... Oui, la Comtesse!... Tu savais donc...

LA COMTESSE.

On dit qu'elle raffole de vous...

LE MARQUIS.

Il est certain qu'elle me trouve assez à sa guise...

LA COMTESSE.

Et vous l'aimez ?

LE MARQUIS.

Je l'épouse... Il suffit... Tiens! buvons à mon mariage...

LA COMTESSE.

Vous l'épousez ?

LE MARQUIS.

A preuve que j'ai ce soir, avec elle un petit rendez-vous
galant.

LA COMTESSE.

Ah! fi ! Madame la comtesse est incapable...

LE MARQUIS, *tâtant le mur de l'auberge.*

Je te dis... que j'ai à cette porte... un petit rendez-vous galant... Et si tu ne me crois pas, mignonne, viens-y voir. (*Il entre dans l'auberge.*)

SCÈNE V

LA COMTESSE.

Il est complètement gris... Et le voilà dans l'auberge! Eh bien! le vicomte avait raison ; il ne m'a pas fallu grand'peine pour faire tomber ce pauvre homme dans son péché mignon... Reste à savoir si le marquis a dit vrai et si le vicomte sera aussi facile à tenter... dans son genre!... Nous verrons bien. Il a l'air convaincu pourtant, ce vicomte, et ses paroles émues... Bah! Est-ce à une comédienne qu'il faut parler de conviction... La conviction, cela se joue... Et s'il m'a paru si charmant dans son rôle, c'est, hélas! qu'il l'a répété bien souvent... avec d'autres!... C'est son expérience que j'ai prise pour de l'émotion... Et cependant, s'il m'avait réellement aimée, je sens bien que, de mon côté, je n'avais que peu de chose à faire pour répondre à son inclination... Le voici... Pan! Pan! Pan! au rideau! S'il joue la comédie, montrons-lui que nous l'avons jouée et jouons-la mieux que lui. En scène, j'ai seize ans, je m'appelle Laurette et je suis du village voisin. (*Elle s'assied à droite. Clair de lune.*)

ROMANCE

I

Grelottant sous le vent d'hiver,
Dans le ciel où souffle la bise,
Le bouton dans son corset vert,
Attend qu'enfin le soleil luise.

Le bouton est clos, mais un jour viendra
      Où la rose ouverte
      Sur la tige verte
      S'épanouira.
Le bouton est clos, mais il s'ouvrira.

SCÈNE VI

LA COMTESSE, LE VICOMTE

LE VICOMTE, *entre, à gauche.*

La jolie voix !...

LA COMTESSE, *à part.*

Il vient. (*Elle se lève.*) Oh ! ma cape et mon capuchon...,
il pourrait me reconnaître, par ce clair de lune.

(*Elle prend sa cape, qu'elle avait posée en entrant sur le banc
de la tonnelle.*)

II

    Mon cœur n'a pas encore aimé ;
    A l'abri de mes lèvres closes
    Pas un doux aveu n'a germé.
    Et j'ai seize ans, viennent les roses !
Mon cœur est fermé, mais un jour viendra
      Où sur ma jeune âme
      Répandant sa flamme
      L'amour brillera.
Mon cœur est fermé, mais il s'ouvrira.

LE VICOMTE, *à part.*

Voilà un épanouissement qui ne serait pas désagréable à
suivre de près ! La jolie enfant !

LA COMTESSE, *à part.*

Il a parlé !.. Il s'approche…

LE VICOMTE.

Bonjour, petite, comment t'appelle-t-on ?

LA COMTESSE.

Ah ! vous m'avez fait peur… Je m'appelle Laurette, pour vous servir, Monsieur le vicomte.

LE VICOMTE.

Monsieur le vicomte !.. Tu sais donc qui je suis ?..

LA COMTESSE.

Je crois bien. Toutes les filles à dix lieues à l'entour connaissent Monsieur le vicomte.

LE VICOMTE.

Oh ! dix lieues… Tu exagères !

LA COMTESSE.

J'exagère ?… (*A part.*) Ah ! tant mieux !

LE VICOMTE.

Ou tu te moques… Ma célébrité n'est pas aussi étendue.

LA COMTESSE.

Ne faites donc pas le modeste. Vous, si poli !

LE VICOMTE.

Oh !

LA COMTESSE.

Si aimable !

LE VICOMTE.

Oh ! Oh !

LA COMTESSE.

Si galant !

LE VICOMTE.

Oh ! Oh ! Oh !

LA COMTESSE, *à part*.

Mais, c'est qu'il ne me dément pas, le traître ! (*Haut.*) On raconte tant de choses aux veillées. Toutes les filles raffolent de vous et toutes les mères en ont peur.

LE VICOMTE, *s'approchant*.

Peur ! peur de moi ?

LA COMTESSE, *à part*.

Ah ! il y vient, le bandit !

LE VICOMTE.

Peur ! Est-ce que je te fais peur, à toi ?

LA COMTESSE, *à part*.

Du courage !... (*Au vicomte.*) A moi ? Non ! Oh ! non... au contraire, Monsieur le vicomte.

LE VICOMTE.

A la bonne heure. (*S'éloignant.*) Elle est charmante !

LA COMTESSE, *à part.*

Il s'en va !... L'épreuve n'a pas été suffisante... (*Le rejoi-gnant.*) Oh ! non je n'ai pas peur. Quand on a peur, on tremble. Eh bien, moi, je ne tremble pas... Oh ! mais pas du tout... Voyez plutôt ma main :.. (*Elle lui tend la main.*) Voyez donc !...

LE VICOMTE.

Il suffit, je te crois sur parole... (*A part.*) Non ! si je lui pre-nais la main, je serais capable de lui prendre le menton.

LA COMTESSE, *à part.*

C'est un petit saint ; il recule !... La grande épreuve, mainte-nant... Va-t-il y résister ?... (*Haut.*) Peur, non, et même, sitôt que j'ai vu Monsieur le vicomte, je me suis sentie prise de sym-pathie pour lui !

LE VICOMTE, *se rapprochant.*

De sympathie ! Vraiment ?

LA COMTESSE, *à part.*

Ça mord ! (*Haut.*) Mais oui, de sympathie. Et je me disais : Quel dommage que Monsieur le vicomte ne se marie pas.

LE VICOMTE.

Comment, quel dommage?

LA COMTESSE.

Certes, si Monsieur le vicomte se mariait, pensais-je, il y aurait peut-être une place pour moi dans sa maison, et je serais enchantée, moi, d'avoir un aussi beau maître.

LE VICOMTE, *galamment.*

Et moi, une aussi jolie mai...

LA COMTESSE, *vivement.*

Hein ?

LE VICOMTE, *se reprenant.*

Une aussi jolie servante...

LA COMTESSE, *à part.*

J'ai cru que je le tenais ; c'est à recommencer !

LE VICOMTE, *à part.*

Vicomte, mon ami, vous aimez la comtesse et plus que vous ne pensiez.

LA COMTESSE.

Aussi, quand on m'a dit que Monsieur le vicomte se mariait...

LE VICOMTE.

On t'a dit que je me mariais... Et avec qui ?

LA COMTESSE, *feignant le mystère.*

Avec Madame la comtesse.

LE VICOMTE.

Ah ! on t'a dit cela...

LA COMTESSE.

Et si vous n'étiez pas si discret, vous avoueriez qu'on pourrait en dire plus long. Ils ne se trompent guère, m'est avis,

ceux qui prétendent qu'elle a un faible pour vous ; et si vous
rôdez, ce soir, autour du parc, qui sait ? un joli petit rendez-
vous...

LE VICOMTE.

Es-tu folle, Laurette ?... Un rendez-vous !... La comtesse !...
Tu ne la connais pas.

LA COMTESSE, *à part.*

Ah ! c'est bien ça, il est discret, c'est très bien ! (*Haut.*) Enfin,
promettez-moi, si vous vous mariez, de me prendre à votre
service.

LE VICOMTE.

Non, Laurette, je te recommanderai au curé du village...
Justement, il cherche une servante...

LA COMTESSE.

Chez le curé ?... Non, non, je ne l'aime pas, Monsieur le
curé ; tandis que vous...

LE VICOMTE.

Tandis que moi ?...

DUO DES BAISERS

LA COMTESSE.

Je vous aime !

LE VICOMTE.

Tais-toi ! Laurette, que dis-tu ?

LA COMTESSE.

Tant pis, le mot est dit!...

LE VICOMTE.

Comment? tu n'as pas honte?

LA COMTESSE, *à part.*

C'est Laurette... tant pis!...
(*Au vicomte.*)
Non, Monsieur le vicomte;
Je vous aime!

LE VICOMTE, *à part.*

Il me faut vraiment de la vertu.
(*A la comtesse.*)
Laurette, que dis-tu?

LA COMTESSE, *à part.*

C'est Laurette!... Ma foi, tant pis pour sa vertu.
(*Haut.*)
Eh quoi? Ne suis-je pas jolie?

LE VICOMTE.

Je ne sais pas; il se peut bien.

LA COMTESSE.

Et je vous aime à la folie.

LE VICOMTE.

Cela se peut, je n'en sais rien.

LA COMTESSE.

N'ai-je pas la main blanche et fine ?

LE VICOMTE.

Je ne sais pas; il se peut bien.

LA COMTESSE.

Me trouvez-vous mauvaise mine ?

LE VICOMTE.

Cela se peut; je n'en sais rien.

LA COMTESSE.

Ah! Monsieur, regardez-moi bien.

LE VICOMTE.

Non, Laurette, je me marie
Et je te jure mes grands Dieux
Que je ne veux plus avoir d'yeux
Que pour ma comtesse chérie.

LA COMTESSE, *à part.*

Ah! quel moment délicieux !

LE VICOMTE.

Laurette, je suis aimé d'elle.

LA COMTESSE, *l'imitant.*

Je ne sais pas, il se peut bien.

LE VICOMTE.

Et je veux lui rester fidèle.

LA COMTESSE.

Cela se peut ! Je n'en sais rien.
Mais moi, je sais que je vous aime
Et vos dédains sont superflus,
Je veux vous adorer quand même...
Et... Et... je n'y résiste plus...
(*Elle l'embrasse.*)

(*Parlé, à part.*) Oh ! Laurette, qu'avez-vous fait là !

LE VICOMTE.

Un baiser !

ENSEMBLE

LA COMTESSE	LE VICOMTE
Un baiser ! je suis bien hardie !	Un baiser ! Laurette est hardie.
Mais voyons s'il me le rendra.	Il est dur de s'arrêter là !
Continuons la comédie :	Mais échappons à l'étourdie.
Ce sont des baisers d'opéra.	Halte-là ! Laurette, halte-là.

LA COMTESSE, *à part.*

Continuons, il faut qu'il me le rende.

LE VICOMTE.

Allons, cessons ce jeu ; mon cœur est en émoi !

LA COMTESSE, *se trahissant par ses manières.*

Vicomte, ma frayeur est grande
De vous avoir déplu ; Vicomte, excusez-moi.

LE VICOMTE, *la reconnaissant.*

Ah !

LA COMTESSE.

Quoi donc?

LE VICOMTE, *à part.*

Mais c'est la comtesse!... La vertu
Est donc parfois récompensée.
Je vais rire à mon tour...
(*Il s'assied à la table, détache un feuillet de ses tablettes et
écrit quelques lignes.*)

LA COMTESSE, *à part.*

Je suis tout oppressée.
S'il succombe, du moins il a bien combattu.

LE VICOMTE, *se levant, à part.*

A nous deux maintenant.
(*A la comtesse.*)
Écoutez-moi, Laurette ;
Je vous aime aussi moi, permettez qu'à mon tour,
Je fasse à vos genoux l'aveu de mon amour.
(*Il ferme sa lettre.*)

LA COMTESSE, *à part.*

Laurette a triomphé, mais, moi, je le regrette.
Hélas, j'ai trop bien réussi ;
Il perd l'amour pour l'amourette,
Mais la tentation était trop forte aussi.

LE VICOMTE, *moqueur.*

Laurette, écoute bien ceci :
Ta joue a le duvet des pêches.

LA COMTESSE, *très triste.*

Je ne sais pas, il se peut bien.

LE VICOMTE.

Tes lèvres sont rouges et fraîches.

LA COMTESSE.

Cela se peut, je n'en sais rien.

LE VICOMTE.

L'amour est un bonheur suprême.

LA COMTESSE.

Je ne sais pas, il se peut bien.

LE VICOMTE, *s'agenouillant.*

Je suis à tes genoux, je t'aime.

LA COMTESSE.

Cela se peut, je n'en sais rien.

LE VICOMTE, *se levant.*

Prends ce billet, garde-le bien.

LA COMTESSE, *mettant le billet dans son corsage.*

Pourtant si Monsieur se marie...
Il m'avait juré ses grands Dieux
Qu'il ne voulait plus avoir d'yeux
Que pour sa comtesse chérie.

LE VICOMTE, *à part.*

Oh! le moment délicieux!...

LA COMTESSE.

Puisque Monsieur est aimé d'elle...

LE VICOMTE, *avec ironie.*

Je ne sais pas, il se peut bien...

LA COMTESSE.

Monsieur devrait rester fidèle.

LE VICOMTE.

Cela se peut, je n'en sais rien.
Mais je sais bien que je t'adore
Et les serments sont superflus,
Je t'aime et veux t'aimer encore.
Tiens!.. Tiens!.. Je n'y résiste plus.
(*Il l'embrasse.*)

LA COMTESSE, *parlé.*

Deux baisers !

ENSEMBLE

LA COMTESSE	LE VICOMTE
Deux baisers ! la chose est hardie !	Deux baisers ! La chose est hardie !
Il peut s'oublier jusque-là !	Elle me les pardonnera.
Il s'est pris à la comédie !	J'ai bien joué la comédie !
Et Laurette l'ensorcela.	On se croirait à l'Opéra.

LA COMTESSE, *à part.*

Décidément je ne me marierai pas... (*Elle se sauve à droite.*)

4

LE VICOMTE, *à part.*

Elle se sauve! Nous rirons bien tout à l'heure! (*Haut.*) Hé! Laurette, garde bien mon billet et ne le montre pas à la comtesse... Réflexions faites, je te prends à mon service... ou plutôt je suis au tien!.. Bonsoir, ma petite Laurette...(*A part.*) A bientôt, Comtesse. (*On entend sonner huit heures.*) L'heure de la revanche!

SCÈNE VII

LE VICOMTE ET LE MARQUIS

LE MARQUIS, *sortant de l'auberge.*

Il me semble que j'ai entendu sonner huit heures.

LE VICOMTE, *à part.*

Le marquis! je le croyais endormi.

LE MARQUIS, *de même.*

Le vicomte! Je le croyais rentré chez lui!

LE VICOMTE.

Laissons-le s'éloigner.

LE MARQUIS.

Tant pis pour lui... qu'il s'en aille!

LE VICOMTE.

Où va-t-il?

LE MARQUIS, *allant vers la porte du fond.*

Elle m'a dit : sonnez et on vous ouvrira.

LE VICOMTE.

Que dit-il?

LE MARQUIS, *encore à peine dégrisé.*

C'est bizarre! on dirait que la porte remue...

LE VICOMTE.

C'est lui qui remue... Il va à la porte!...

LE MARQUIS.

Ah! Je crois que je tiens la cloche...

LE VICOMTE.

Que fait-il? Tant pis, il est huit heures... Il va sonner, je frappe... (*Il court à la porte.*)

FINAL

LE MARQUIS, *sonnant.*

Ding! Ding! Ding!

LE VICOMTE, *frappant.*

Pan! Pan! Pan! Que faites-vous?

LE MARQUIS.

Je sonne.

LE VICOMTE.

Et qui vous a permis ?

LE MARQUIS.

Je suis en cet endroit
Par la permission d'une aimable personne.
Mais vous, pourquoi frapper ?

LE VICOMTE.

Vous me la baillez bonne ;
Si je frappe, Marquis, c'est que j'en ai le droit.

LE MARQUIS.

Alors frappez et moi je sonne.

LE VICOMTE

Sonnez, Marquis, et l'on verra
Auquel de nous on ouvrira.

LE MARQUIS.

Mais c'est à moi qu'on ouvrira.
Ding ! Ding ! Ding !

LE VICOMTE.

Pan ! Pan ! Pan !

LA COMTESSE, *derrière la porte.*

Ah ! Ah ! Ah ! Ah ! Ah ! Ah !

(*Les deux hommes frappent et sonnent. Enfin la porte
s'ouvre. La comtesse, dans son premier costume, entre
accompagnée de valets portant des torches.*)

SCÈNE VIII

LES MÊMES, LA COMTESSE

LA COMTESSE.

Je ne puis plus longtemps vous laisser à la porte.

ENSEMBLE

LE VICOMTE ET LE MARQUIS.	LA COMTESSE.
Oui; voici le moment!	Ah! Ah! Messieurs, vraiment,
Soyez à votre guise	Cette épreuve est exquise
Vicomtesse ou marquise,	Et je vais à ma guise
Selon le jugement.	Rendre le jugement.

LA COMTESSE.

S'il faut enfin qu'on se prononce,
Vous allez avoir ma réponse :
Le champagne, Marquis, vous pousse à des excès!...

LE MARQUIS.

C'est une calomnie effroyable; on vous leurre.

LA COMTESSE.

On ne me leurre point,'Marquis, et tout à l'heure,
Lorsque vous le buviez, c'est moi qui le versais.

LE MARQUIS.

Je suis joué.

LA COMTESSE.

Pour vous, Vicomte, je regrette,
Mais j'ai reçu les aveux de Laurette
Et je ne puis vous épouser non plus.

LE VICOMTE.

Laurette a dû, Comtesse, vous remettre...

LA COMTESSE, *lui rendant le billet.*

Laurette, c'était moi ; reprenez votre lettre.

LE VICOMTE, *ouvrant le billet.*

Ces quelques mots que vous n'avez pas lus
Eclairciront, si vous voulez permettre :
Lisez...

LA COMTESSE ET LE VICOMTE, *lisant.*

« Tant que j'ai cru parler à la soubrette
Vous avez vu mon calme et mon sang froid.
Mais vous reconnaissant sous les traits de Laurette..

LA COMTESSE.

Vous m'aviez reconnue.

LE VICOMTE.

Oui !

LA COMTESSE.

Mais je suis confuse !

LE VICOMTE.

Laurette m'aimait bien, et si l'on me refuse.
J'en appelle à certain baiser.

LA COMTESSE.

Je n'ai plus maintenant le droit de refuser.
(*Elle tend la main au vicomte qui la baise.*)

ENSEMBLE

LA COMTESSE.	LE VICOMTE.
Vicomtesse! Vraiment!	Vicomtesse! Vraiment!
Cette épreuve est exquise.	L'aventure est exquise.
Vicomtesse! à ma guise	Vicomtesse! à ma guise
Voilà le jugement.	On rend le jugement.

LE MARQUIS.

Vicomtesse! Vraiment!
Elle n'est pas marquise.
Ce n'est pas à ma guise
Qu'on rend le jugement.

Imprimerie A. Le Roy — Fr. Simon, Sr. — Rennes (2077-95).

ORIGINAL EN COULEUR
NF Z 43-120-8

www.ingramcontent.com/pod-product-compliance
Lightning Source LLC
LaVergne TN
LVHW022022080426
835513LV00009B/841